LOS DIETISTAS
LAS PERSONAS QUE CUIDAN NUESTRA SALUD

Robert James

Versión en español de Aída E. Marcuse

The Rourke Book Co., Inc.
Vero Beach, Florida 32964

RECONOCIMIENTO ESPECIAL
El autor agradece al Mercy Center, Aurora, IL., por su cooperación
en la publicación de este libro

Catalogado en la Biblioteca del Congreso bajo:

James, Robert, 1942-
   [Los dietistas. Español]
   Los dietistas / por Robert James; versión en español de
Aída E. Marcuse.
      p. cm. — (Las personas que cuidan nuestra salud)
   Incluye índices.
   Resumen: Describe qué hacen los dietistas, dónde trabajan y
cómo se entrenan y preparan para realizar sus tareas.
   ISBN 1-55916-177-9
   1. Dietética—Orientación vocacional—Literatura juvenil.
[1. Dietética—Orientación vocacional. 2. Orientación vocacional.
3. Ocupaciones. 4. Materiales en idioma español.]
I. Título II. Series: James, Robert, 1942-   Las personas que
cuidan nuestra salud
RM217.J3518   1995
613.2'.023—dc20   95–22043
                                       CIP
                                       AC

Impreso en Estados Unidos de América

ÍNDICE

Los dietistas 5

El estudio de la nutrición 6

Asesoramiento profesional 9

Los nutrientes 11

Cómo se usan los nutrientes 14

Una dieta equilibrada 16

Los grupos de alimentos 19

Dónde trabajan los dietistas 20

Cómo se llega a ser dietista 22

Glosario 23

Índice alfabético 24

LOS DIETISTAS

Los dietistas son **profesionales** de la salud que saben todo acerca de los alimentos. Eso no significa que comen mucho, o que son buenos cocineros. Los dietistas son expertos en **nutrición**.

La nutrición es la ciencia que estudia cómo el cuerpo utiliza la comida y cómo puede alimentarse mejor.

Los dietistas enseñan qué alimentos conviene comer y cuando es el mejor momento para tomarlos. Dedican sus esfuerzos, sobre todo, a las personas que deben cambiar de dieta—es decir, consumir otros alimentos que los que comen normalmente—.

Los dietistas son expertos que saben cómo el cuerpo utiliza los alimentos

EL ESTUDIO DE LA NUTRICIÓN

Los dietistas siguen de cerca los estudios científicos que tienen relación con la comida. Están atentos a los cambios en las leyes que se refieren a cómo crecen, son tratados y son procesados los alimentos. También estudian las enfermedades causadas por una dieta incorrecta.

Gracias a las informaciones que reciben acerca de los alimentos, los dietistas pueden hacer mejor su trabajo. Parte del mismo consiste en dar **asesoramiento** a quienes los consultan.

Los dietistas observan el trabajo de los campesinos y vigilan qué fertilizantes les aplican a las plantas

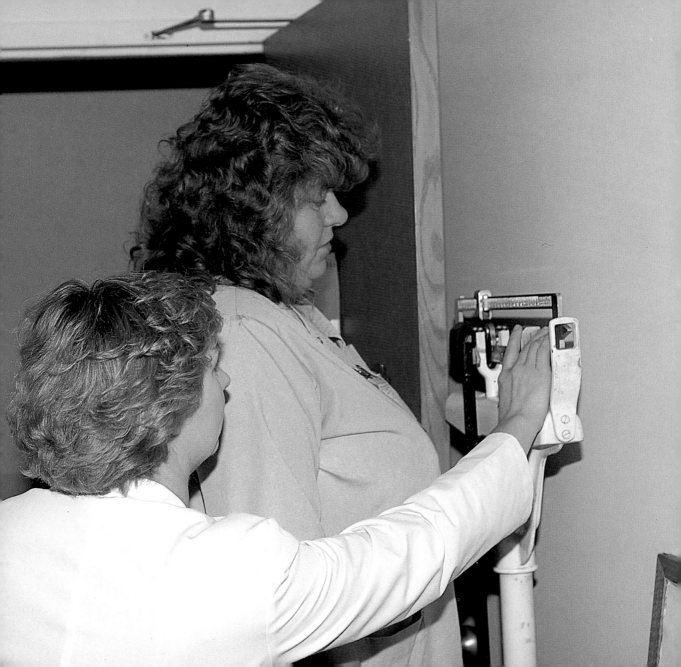

ASESORAMIENTO PROFESIONAL

Como asesores, los dietistas trabajan con un paciente a la vez. El dietista estudia el problema que aflige al paciente y lo discute con él. Después suele sugerir un cambio de dieta.

Los pacientes de un dietista suelen ser personas que padecen enfermedades, como cáncer o diabetes. Otros pueden haber sufrido un ataque al corazón. Y otros están debajo del peso ideal—o encima de él—y carecen de los **nutrientes** adecuados.

Los dietistas trabajan en estrecho contacto con sus pacientes

LOS NUTRIENTES

Todos los alimentos no son iguales, ni tienen el mismo gusto. Esto lo sabemos desde tierna edad. Pero, aún más importante, es saber que las sustancias que hay en algunos alimentos nos convienen más que las que hay en otros. Esas sustancias "buenas" se llaman nutrientes.

Quien quiere gozar de buena salud, necesita ingerir la cantidad necesaria de nutrientes.

Los dietistas les enseñan a grupos pequeños de personas cómo alimentarse, y les informan sobre los descubrimientos realizados en dietética

11

Con ayuda de un termómetro para carne, el dietista de un hospital verifica que el pollo esté bien cocido

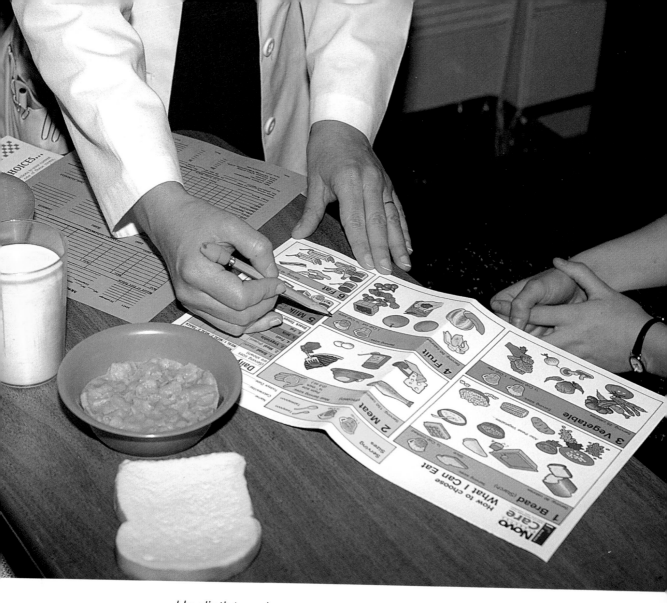

Un dietista subraya en una dieta lo que "debe"
y lo que "no debe" hacer su paciente

CÓMO SE USAN LOS NUTRIENTES

Una parte del trabajo de un dietista consiste en decidir cuanto de cada nutriente necesita un paciente.

Como cada persona es distinta, las necesidades de nutrientes varían de paciente a paciente.

Los nutrientes son utilizados por el cuerpo para hacer los músculos y los huesos y mantenerlos fuertes. Mantienen los sistemas del cuerpo funcionando correctamente y, además, son el combustible que quema el cuerpo—su fuente de energía—.

El dietista decide qué cantidad de nutrientes necesita cada paciente

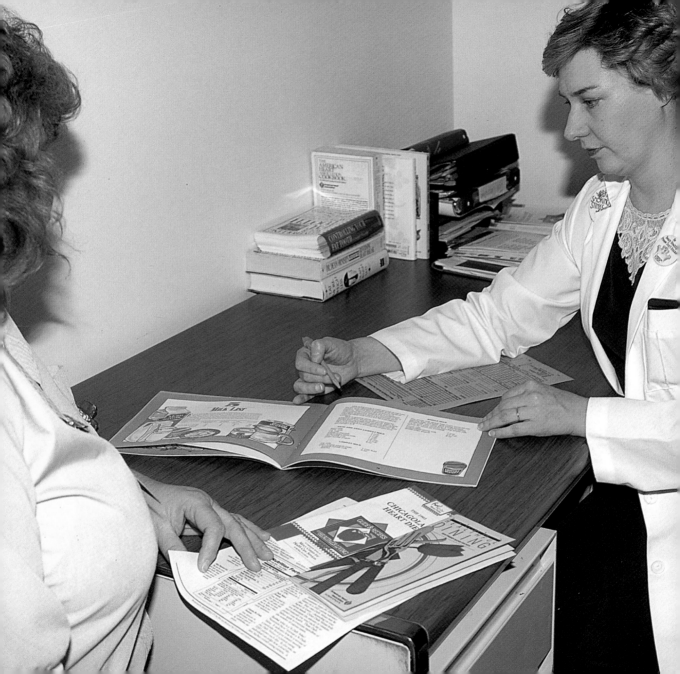

UNA DIETA EQUILIBRADA

Los dietistas les dicen a los pacientes que deben comer una dieta equilibrada. Es decir: una dieta que contenga la cantidad adecuada de nutrientes de cada grupo de alimentos—carbohidratos, grasas, proteínas, minerales y vitaminas—.

Cada grupo le da al cuerpo algo de lo que necesita. Los carbohidratos, por ejemplo, nos dan energía. Pero comer demasiados alimentos de un grupo—como las grasas—, puede ser tan malo como comer demasiado poco.

Un dietista se asegura que los cocineros del hospital preparan un menú equilibrado

LOS GRUPOS DE ALIMENTOS

Nuestro cuerpo extrae de los alimentos los materiales que le permiten trabajar y construirse. Los alimentos pertenecen a cuatro grupos principales—productos lácteos; carne y huevos; pan y cereales y frutas y verduras.

Una dieta que incluye cantidades correctas de alimentos de todos los grupos, nos asegura una buena nutrición.

El dietista ayuda a las personas a comprender el valor de una buena nutrición, y les enseña qué deben hacer para estar bien alimentados.

Las verduras frescas significan buena alimentación, tanto para Hermano Conejo como para nosotros

DÓNDE TRABAJAN LOS DIETISTAS

Los dietistas trabajan en hogares para ancianos, **clínicas** y en algunos centros de salud. También trabajan en grandes compañías, en sus propias oficinas y en los hospitales.

Los dietistas de los hospitales aconsejan a los pacientes en sus cuartos o en la oficina del dietista. Además, establecen el menú de las comidas que recibirán los pacientes.

A veces, los dietistas trabajan en escuelas y con grupos comunitarios, y también con los dueños de restaurantes.

El dietista de un hospital controla las bandejas de alimentos para asegurarse que son variados y están en perfectas condiciones

CÓMO SE LLEGA A SER DIETISTA

Los dietistas reciben un entrenamiento intenso. Tienen que estudiar cuatro años en una universidad y graduarse en la carrera de nutrición. Muchos continúan estudiando hasta obtener la maestría en nutrición.

Además, el dietista tiene que cumplir con el requisito de **residencia**, antes de poder trabajar por su cuenta. Un dietista residente trabaja muchos meses bajo la supervisión de un dietista experimentado.

Glosario

asesoramiento (a-se-so-ra-mien-to) — acto que consiste en ofrecer consejos e informaciones sobre algo

clínica (clí-ni-ca) — lugar donde por lo general trabajan varios médicos, donde se tratan numerosos pacientes que no necesitan cuidados nocturnos

nutrición (nu-tri-ción) — manera en que el cuerpo utiliza la comida; alimentación con alimentos saludables

nutrientes (nu-trien-tes) — ingredientes que hay en los alimentos y que sirven para construir el cuerpo; cualquiera de los cinco grupos de alimentos

profesional (pro-fe-sio-nal) — persona altamente entrenada y calificada, que recibe sueldo por su trabajo

residencia (re-si-den-cia) — período de prueba durante el cual una persona sin experiencia trabaja junto a alguien ya experimentado en ese tipo de trabajo

ÍNDICE ALFABÉTICO

alimentos   5, 6, 11, 19
asesor   9
asesoramiento   6
ataques al corazón   9
cáncer   9
carbohidratos   16
clínicas   20
comidas   20
diabetes   9
dieta   5, 9, 16
educación   22
energía   14
enfermedades   6

estudios científicos   6
grasas   16
hospitales   20
leyes   6
minerales   16
nutrición   5, 19, 22
nutrientes   9, 11, 14, 16
paciente   9
profesionales de la salud   5
proteínas   16
residencia   22
vitaminas   16